大人女子の
からだを癒す
メンテナンス
レシピ
80

私に
やさしい
野菜ごはん
おめぐ

KADOKAWA

はじめに

こんにちは。おめぐです。

インスタグラムに投稿しているレシピが、いつの間にか思いがけないほどたくさんの方に見ていただけるようになっていました。料理が好きなんですね、と聞かれて気づきました。私にあるのは、料理が大好きというよりも、おいしいものだけを作りたいという気持ちなんです。小さい2人の子どもの育児に追われる毎日ですが、おいしいものを食べたいという動機であれこれ工夫しながら料理を作っています。

私の料理の特徴は、野菜が多いところ。メインおかずにも野菜を使ったものが多いですし、野菜がたっぷりとれる簡単おかずのレパートリーが豊富です。栄養バランスはいつも意識しています。野菜でお腹がかなり満たされるので、余分な食べすぎを防ぐことにもつながっているようです。お菓子もけっこう食べちゃうのですが、ちゃんと野菜をとっているという安心感があるから、食べることを楽しめます。

おいしくてからだにいいごはんは、心の安定にもつながっていると思います。

ワケ 1

無理はしない、
手間はかけないのが基本

いつも私が料理を楽しく作れるワケ

食材の買い物に行ったら、お買い得の野菜を中心に買ってきて、1週間の献立をだいたい考えますが、かなり適当です（笑）。実際に何を作るかは、その日の私の体調や忙しさしだい。おかずを2品しか作らないときもあれば、時間に余裕があるときや料理にのってきたときは4品くらい作ることも。レトルトや市販のお惣菜に頼るときもあり、無理してがんばることはしません。夫からもそれで文句を言われたことは一度もないので、そこは助かっています。

おいしいものは作りたいけれど、子どもに手がかかる今の生活では、あまり手間がかかることはできません。そのため、レシピで省ける工程はできるだけ省く工夫が自然と身についてきました。野菜の皮をむかずに使うのもその一つ。皮と実の間が一番おいしくて栄養があるとも聞きます。皮をむく手間はかけずに、よりおいしく食べられるなら一石二鳥です。ただし、皮はきれいに洗います。

野菜たっぷりを
ラクに実現

ワケ
2

　料理はがんばりませんが、栄養バランスがとれてい
るかどうかは、いつもなんとなく気にしています。安
くておいしい旬の野菜は、スーパーで真っ先に手にと
ります。ただ、野菜は洗って切るだけで意外と手がか
かるもの。ラクして野菜をたっぷり食べるために、ゆ
でる代わりに電子レンジ加熱は当たり前。丸ごと使う、
できるだけ大きいまま使う、皮をむかない、スライサ
ーを使う、といったことをとり入れています。スライ
サーだとかなり薄く切れるので、それを生かせる料理
を考えるとレパートリーも広がります。

　メインおかずも肉や魚に野菜を加えたものが多いで
す。野菜の簡単サブおかずは、もう少し野菜をプラス
したいな、というときにとても重宝します。私のサブ
おかずは洋風テイストの入った和風、などジャンル分
けできないものが多いのですが、その分幅広いメイン
おかずに組み合わせやすいです（P36）。

ワケ 3　ピンチのときの
レシピがある

　疲れているときや時間のないとき、買い物に行けなかったときなどは、何を作ろうか考えるのも面倒なもの。そんなときはこれを作ろう、というレパートリーがあると気持ちがラクになります。いろいろな野菜が半端に余っているときに、なんでもまとめて使えておいしく仕上がるメニュー、炊飯器で作れるおかずも兼ねるごはんメニューなど。ピンチをごまかすためのレシピが、ふだんのおかずよりもごちそう風になったりします（P76〜　PART4）。

ワケ 4　失敗しないひと工夫をする

　おいしいものだけを食べたい、という一心で料理を作っている私なので、せっかく作ったのにおいしくできなかった、というのは絶対避けたいこと。例えばとりむね肉はパサつきやすいので、砂糖、塩、酒に漬けてから、ポリ袋に入れた状態でゆでます。とろみづけの水溶き片栗粉がダマにならないように、材料にあらかじめ片栗粉をまぶして炒め、それから調味料や水分を加えて自然なとろみをつけます。何種類かの野菜を使うとき、かたいものだけ先にレンジ加熱するのもよく使うワザです。

作りやすい分量で作る

　この本の材料の分量は基本的に2人分ですが、2〜3人分や4人分のものもあって、バラつきがあります。これは、あえてそうしています。例えば10枚入りの春巻きの皮があったら、10枚まとめて使いきりたいですよね。少しだけ残った材料は、結局使い忘れたりするので。ただし、食べすぎにはご注意。ちなみに、わが家のように大人1人分までは食べない子どもがいる場合は、2〜3人分がちょうどよかったりします。

※子どもが食べやすいようにわが家の味つけは少し甘めです。レシピの砂糖の量は好みによって加減してください。

ご機嫌になれるメニューがある

　栄養バランスやカロリーも大事だけれど、好きなものを食べるのは何より幸せ。おつまみおかずは簡単にうまみをプラスできるチーズやしらす干し、明太子など、お気に入りの食材たちを活用して、楽しく作ります。隠し味のにんにくも忘れずに。子育てストレスがたまってきたときは、朝からがっつり韓国風ソーセージ丼（P114）を食べたり。料理で自分の機嫌をとって、それがまた料理を作るエネルギーになっています。

　週末に元料理人の夫が作ってくれるメニューも幸せになれるおいしさです。

この本を読まれる方へ

● レシピの小さじ1は5㎖、大さじ1は15㎖、1カップは200㎖、1合は180㎖です。
● 特に記載がない場合は、こしょうは白こしょう、砂糖は上白糖、しょうゆは濃い口しょうゆ、
　みそは好みのみそです。しょうゆやみそは商品によって塩分が違うので、様子を見て量を加減してください。
● 特に記載がない場合は、野菜、きのこ類は洗う、皮をむくなどの作業をすませてからの手順です。
● 加熱機器はガスコンロを基準にしています。IH調理器などの場合は調理機器の表示を参考にしてください。
　特に記載がない場合は、火加減は中火です。
● 特に表記がない場合は、電子レンジの加熱時間は600Wのものを基準にしています。500Wなら1.2倍、
　700Wなら0.9倍の時間で加熱してください。オーブントースターは1000Wのものを基準にしています。

PART 1

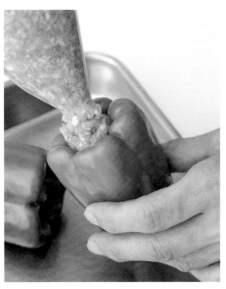

1品でバランスよし

野菜たっぷり！
メインおかず

食事で心がけているのは、野菜をしっかり食べること。主菜に野菜を入れると、あとは副菜やみそ汁を添えれば自然と野菜をたくさん食べられる献立に。肉や魚介と組み合わせると、野菜がよりおいしくなりますよ。

POINT.

煮るとき、最後にふたをず
らして汁けをからめるよう
に煮ると、とろみがついて
照りが出る。

材料は小さめに切って煮る時間を短く

豚と大根のルーロー飯風角煮

(材料) ：（2〜3人分）

豚バラかたまり肉 ― 250〜300g
塩、こしょう ― 各少々
片栗粉 ― 適量
大根 ― 1/2 本
チンゲン菜 ― 1株
ごま油 ― 適量
卵 ― 1個

A
おろしにんにく ― 小さじ2
おろししょうが ― 小さじ2
砂糖、しょうゆ ― 各大さじ3
みりん ― 大さじ2
とりガラスープの素 ― 大さじ 1/2
油 ― 大さじ 1/2

(作り方)

1　沸騰した湯にごま油をひと回し入れ、縦半分
に切ったチンゲン菜を入れて1分30秒ほど
ゆで、ざるに上げる。卵はゆでる。豚肉、大
根は約1cm角に切り、豚肉に塩、こしょう、
片栗粉をまぶしておく。大根は耐熱容器に入
れ、ラップをかけて電子レンジで約5分加熱
する。

大根が早く煮えるように、先にレンジ
加熱しておく。

2　フライパンに油を熱して豚肉を炒め、色が変
わったら出てきた脂はキッチンペーパーでふ
きとる。水150mℓとAの材料を入れる。ゆで卵、
大根も加え、ふたをして15分ほど煮る。

3　ふたを少しあけて、汁けが減り、照りが出る
まで煮る。卵は半分に切って器に盛り、チン
ゲン菜を添える。好みで粉山椒をふっても。

オイスターソース＋マヨで味が決まる！

えびとブロッコリーのオイマヨ炒め

（ 材料 ）：（2～3人分）

えび ― 200g
酒 ― 小さじ1
塩 ― ひとつまみ
片栗粉 ― 小さじ1
ブロッコリー ― 1/2 個

A ┃ おろしにんにく ― 小さじ 1/2
　 ┃ オイスターソース、マヨネーズ
　 ┃ 　 ― 各大さじ1
　 ┃ 砂糖 ― 小さじ1
ごま油 ― 大さじ1

（ 作り方 ）

1 　えびは背わたを取り、片栗粉大さじ1（分量
　　外）、水大さじ1をよくもみ込み、洗い流す。
　　これを2回繰り返す。ポリ袋に入れ、酒、塩、
　　片栗粉も入れてもみ込む。Aを混ぜ合わせて
　　おく。

2 　ブロッコリーは小房に分ける。耐熱容器に入
　　れてラップをかけ、電子レンジで約2分加熱
　　する。キッチンペーパーで水けをふいておく。

3 　フライパンにごま油を熱してえびに火が通る
　　まで炒め、2も入れてかるく炒め、Aを加え
　　て全体にからめる。器に盛り、好みで糸唐辛
　　子を添える。

えびは片栗粉+水でよくもんでくさみ
を取る。

つくねにひき肉ではなく、
こま切れ肉を使うとお肉感
がアップします！

ジューシーな肉ともやしのシャキシャキが新食感

豚こまともやしのつくね

(材料) ┊（8個分）

豚こま切れ肉 ― 300g
もやし ― 1袋
片栗粉 ― 大さじ2
おろししょうが ― 小さじ2
酒 ― 大さじ1
塩、こしょう ― 各少々

A│砂糖、みりん、しょうゆ
　│　― 各大さじ2
油 ― 大さじ½
卵黄、青じそ、青ねぎ ― 各適量

(作り方)

1 　豚肉、もやしはキッチンばさみで食べやすい
　　長さに切る。

2 　大きいボウルに1、片栗粉、しょうが、酒、塩、
　　こしょうを合わせ、肉にもみ込むようにして
　　よく混ぜる。

3 　8等分にして丸くまとめる。油を熱したフラ
　　イパンに入れて両面に焼き色をつける。ふた
　　をして5分ほど蒸し焼きにする。Aを入れ
　　てからめ、汁けがほぼなくなるまで煮詰める。
　　器に盛り、好みで白いりごまをふる。青じそ
　　を添えて青ねぎの小口切り、卵黄をのせ、か
　　らめながら食べる。

豚肉は長ければキッチンばさみで食べ
やすく切る。もやしもはさみで。

POINT

小麦粉を材料によくなじま
せると、ダマにならずにと
ろみがつきます。

あっさりキャベツがリッチな味わいに

キャベツたっぷりグラタン

材料 ┊（2〜3人分）

豚こま切れ肉 ― 100g
塩、こしょう ― 各少々
キャベツ ― 1/4 個
しめじ ― 1パック

バター ― 20g
小麦粉 ― 大さじ 1 と 1/2
牛乳 ― 250mℓ
コンソメ ― 小さじ 1
塩、こしょう ― 各少々
（あれば）ナツメグ ― 小さじ 1/4
ミックスチーズ、パン粉 ― 各適量

作り方

1 豚肉は粗く刻み、塩、こしょうをふる。キャベツは一口大に切る。しめじは小房に分ける。

2 フライパンにバターを溶かし、豚肉を炒める。色が変わってきたらキャベツとしめじも入れ、しんなりするまで炒める。火を止め、小麦粉を加えてよくなじませる。再び火にかけ、牛乳を2回に分けて入れ、とろみがつくまでかき混ぜ、コンソメ、塩、こしょう、ナツメグで味を調える。

小麦粉をなじませたら、牛乳を2回に分けて加える。

3 耐熱容器に入れ、チーズ、パン粉をたっぷりのせ、230℃に予熱したオーブンで表面に焼き目がつくまで約10分焼く。オーブントースターで焼いてもよい。好みでパセリのみじん切りをふる。

POINT 中身にしっかり味がついているので、何もつけなくてもおいしいです。

コロッケの中身を春巻きの皮で巻くだけだから簡単！

コロッケ春巻き

（材料） ：（2〜3人分）

合いびき肉 ― 200g
じゃがいも ― 中2個
玉ねぎ ― 1/4 個
A
しょうゆ、砂糖 ― 各大さじ2
塩、こしょう ― 各少々
バター ― 5g
春巻きの皮 ― 10枚
小麦粉 ― 大さじ1
油 ― 適量

皮を手前からひと巻きして、左右を折り、さらにくるりと巻く。

（作り方）

1 じゃがいもを一口大に切り、耐熱容器に入れてラップをかけ、約7分加熱する。玉ねぎはみじん切りにする。

2 フライパンに油大さじ1を熱し、ひき肉と玉ねぎをしんなりするまで炒める。Aを加えて混ぜ、1分ほど煮詰める。

3 1のじゃがいもをつぶして2を加え、よく混ぜたら10等分する。粗熱がとれたら春巻きの皮で巻き、同量の水で溶いた小麦粉で留める。フライパンに1cm深さの揚げ油を熱し、きつね色になるまで揚げ焼きにする。好みでパセリを添える。

あっさりむね肉がこってりおかずに

とりむね肉となすのチリソース炒め

材料 ┊ （2～3人分）

- とりむね肉 ― 1枚（280g）
- 砂糖、酒 ― 各小さじ1
- 塩、こしょう ― 各少々

なす ― 1個

A
- 長ねぎのみじん切り ― 1/2本分
- おろしにんにく ― 小さじ1/2
- ケチャップ ― 大さじ3
- とりガラスープの素 ― 小さじ2
- 酒、砂糖 ― 各大さじ1
- 豆板醤 ― 小さじ1

片栗粉 ― 適量
油 ― 大さじ1

作り方

1 とり肉は一口大のそぎ切りにし、ポリ袋に入れて砂糖、酒、塩、こしょうを加えてよくもみ込み、冷蔵室で15分ほどおく。なすは大きめの乱切りにする。Aを混ぜ合わせておく。

2 とり肉に片栗粉をまぶし、油を熱したフライパンで火が通るまで焼き、いったん取り出す。次になすを入れて焼く。

3 なすに火が通ったらとり肉を戻し入れてAを加え、混ぜながらとろみが出るまで炒める。好みでしらがねぎを添える。

POINT チリソースの材料はあらかじめ混ぜておくと、手早く仕上げられます。

POINT

鮭を焼いたあとのフライパンは、キッチンペーパーでふいてきれいにしてから使います。

洋風の魚メニューをレパートリーに

鮭のほうれん草クリーム煮添え

(材料) ┊ (2人分)

甘塩鮭 — 2切れ
ほうれん草 — 1/2わ
玉ねぎ — 1/2個
バター — 20g
にんにくのみじん切り — 1片分
小麦粉 — 大さじ1

牛乳 — 1カップ
コンソメ — 小さじ1
砂糖 — 小さじ1/2
ミックスチーズ — 30g
塩、こしょう — 各少々
油 — 大さじ1/2

(作り方)

1 鮭の汁けをキッチンペーパーでふき、両面に
   小麦粉(分量外)をまぶす。油を熱したフラ
   イパンで両面こんがりと焼き、火を通す。

2 ほうれん草は洗って水けがついたままラッ
   プで包み、電子レンジで約1分30秒加熱す
   る。水にさらして水けをしぼり、3cm幅に切る。
   玉ねぎは薄切りにする。

ほうれん草はアクがあるので、レンジ
加熱したあと水にさらす。

3 フライパンにバターを溶かして弱火でにんに
   くを炒め、香りが立ったら玉ねぎを加えて中
   火で炒める。玉ねぎがしんなりしたら火を止
   め、小麦粉を入れてよくなじませる。再び火
   にかけ、牛乳を2回に分けて入れ、とろみが
   つくまでかき混ぜる。コンソメ、砂糖、チー
   ズ、ほうれん草を加え、塩、こしょうで味を
   調える。器に盛った鮭にかける。

POINT

白菜は手でちぎるから、ほ
ぼ包丁を使わないレシピで
簡単です！

白菜さえあれば、あとは買いおき食材で作れる

さば缶de白菜の無水トマト煮

（材料）：（2人分）

さば水煮缶 ― 1缶（190g）
白菜 ― 300g
塩 ― ひとつまみ
カットトマト缶 ― ½缶（200g）
しめじ ― ½パック
にんにくのみじん切り ― 1片分
A｜砂糖 ― 小さじ1
　｜塩 ― 適量
オリーブ油 ― 大さじ1

（作り方）

1　鍋にオリーブ油とにんにくを入れて弱火にかけ、香りが立ったら白菜の軸を鍋にちぎり入れ、塩をふる。白菜がしんなりしたら葉もちぎり入れ、さば缶とトマト缶を缶汁ごととしめじを加え、ふたをして弱火で10分ほど蒸し煮にする。

2　Aを入れ、ふたをせず、汁けをとばすように5分ほど煮る。

白菜は手でちぎり
ながら鍋に入れる。

にんにく、唐辛子、オリーブ油であの味に

ブロッコリーとしらすのペペロン

（材料）：（2〜3人分）

ブロッコリー ― ½個
にんにく ― 1片
しらす干し ― 大さじ2
A｜オリーブ油 ― 大さじ2
　｜塩 ― ふたつまみ
　｜赤唐辛子の小口切り ― 適量
　｜水 ― 大さじ1

（作り方）

1　ブロッコリーは小房に分ける。にんにくはみじん切りにする。

2　耐熱容器に1を入れ、Aを加えてかるく混ぜ、ラップをかけて約2分30秒加熱する。

3　しらす干しを加えて再びラップをかけ、約2分おいて余熱で火を通す。

豆腐より食べごたえあり。にらもたっぷり

厚揚げとにらの麻婆風

（ 材料 ）┊（2人分）

厚揚げ ― 1枚（200g）
にら ― 1わ

> 合いびき肉 ― 150g
> 塩、こしょう ― 各少々
> 片栗粉 ― 適量

にんにくのみじん切り ― 1片分
しょうがのみじん切り ― 1かけ分

> 酒 ― 大さじ2
> 甜麺醤（またはみそ）― 大さじ1
> A   とりガラスープの素 ― 小さじ1
> 豆板醤 ― 小さじ2
> 砂糖 ― 大さじ1と¹⁄₃

油 ― 大さじ¹⁄₂

（ 作り方 ）

1　厚揚げは一口大、にらは2cm長さに切る。ひき肉に塩、こしょうをふり、片栗粉をまぶす。

2　フライパンに油とにんにく、しょうがを入れて弱火にかける。香りが立ったらひき肉を中火で炒め、色が変わってきたらAと水1カップを入れてひと煮立ちさせる。

3　厚揚げを加え、かき混ぜながら強めの中火で6分ほど煮る。とろみが出たらにらも加え、にらがしんなりするまで1分ほど強火で炒め煮にする。好みで粉山椒をふる。

厚揚げは一口大のサイコロ状に切る。

ボリューム感満点!

丸ごとピーマンのくたくた煮

（材料）：（2〜3人分）

ピーマン ― 5個

> 豚ひき肉 ― 200g
> 長ねぎのみじん切り ― 15cm分
> 卵 ― 1個
> 片栗粉 ― 小さじ1
> みそ ― 小さじ1
> 塩、こしょう ― 各少々

A
> しょうゆ、みりん
> 　― 各大さじ2
> 砂糖 ― 大さじ1
> だしの素 ― 小さじ1
> おろししょうが ― 小さじ1/2

油 ― 大さじ1/2

（作り方）

1　ピーマンはヘタを指で押し込むようにして取る。種、ワタはそのまま食べられるので取らなくてよい。

2　ポリ袋にひき肉、長ねぎ、卵、片栗粉、みそ、塩、こしょうを入れ、袋の上からもみ混ぜる。ポリ袋の端をはさみで切り、ピーマンの中に肉だねを詰める。

3　フライパンに油を熱し、ひき肉が見えている部分から焼く。側面も転がしながら焼き色をつける。全体に焼き色がついたら、Aと水250mlを加える。落としぶたをして、途中で上下を返しながら15分ほど煮る。好みで削りがつおをのせる。

塩昆布の量はお好みで加減して

塩昆布のもやツナサラダ

（材料）：（4人分）

もやし ― 1袋
ツナ缶 ― 1缶（70g）
塩昆布 ― 大さじ1
マヨネーズ ― 大さじ2

（作り方）

1　もやしを耐熱容器に入れ、電子レンジで約2分40秒加熱し、ざるに上げて粗熱をとる。

2　もやしの水分をしっかりしぼり、缶汁をきったツナ缶、塩昆布とマヨネーズを混ぜる。好みで粗びき黒こしょうをふる。

下ごしらえいらずのししゃもでラクラク

ししゃもの南蛮漬け

材料 ：（2人分）

ししゃも — 8尾
片栗粉 — 適量
玉ねぎ — 1/6個
にんじん — 1/3本
ピーマン — 1個

A
酢、水 — 各大さじ6
しょうゆ、みりん — 各大さじ2
砂糖 — 大さじ2と1/2
だしの素 — 小さじ1
赤唐辛子の小口切り — 適量

油 — 適量

作り方

1 玉ねぎは薄切りに、にんじん、ピーマンは細切りにする。

2 バットなどにAを入れて混ぜ、1を加える。みりんのアルコール分が気になる人は、耐熱容器に入れて短時間電子レンジ加熱し、アルコールをとばす。

3 ししゃもの汁けをキッチンペーパーでふき、片栗粉をまんべんなくまぶす。フライパンに多めに油を熱し、揚げ焼きにする。油をきって、熱いうちに2に漬け、30分ほどおく。冷蔵庫で冷やしてもおいしい。

片栗粉をまぶしたししゃもは、深さ1cmくらいの油で揚げ焼きにする。

POINT

とり肉がかたくならないように、さつまいもやごぼうと分けて焼くのがポイントです。

根菜たっぷりの組み合わせ

とり肉とさつまごぼうの甘辛炒め

材料 ：（2〜3人分）

とりもも肉 ― 1枚（300g）
さつまいも ― 中1本
ごぼう ― 1/2本
片栗粉 ― 適量

A │ 砂糖、しょうゆ ― 各大さじ2
　 │ 酢 ― 大さじ1
　 │ 白いりごま ― 適量
油 ― 大さじ1/2

作り方

1 とり肉は一口大に切る。さつまいもは皮つきのまま0.5cm幅の斜め切りにする。ごぼうも皮つきのままさつまいもと同様に切る。さつまいも、ごぼうを10分ほど水にさらし、キッチンペーパーでしっかり水けをふく。

2 とり肉、さつまいも、ごぼうに片栗粉をまぶす。Aを混ぜ合わせておく。

3 フライパンに油を熱し、とり肉を焼く。火が通ったらいったん取り出し、さつまいも、ごぼうを焼き、火が通ったらとり肉を戻し入れ、Aを加えて手早くからめる。

さつまいももごぼうも皮つきのまま使うので、よく洗っておく。

POINT
焼いているときに出てき
た脂はキッチンペーパー
でふきとるといいですよ。

さっぱりトマトと豚バラの脂がマッチ

豚バラの輪切りトマトステーキ

（材料）⋮（2〜3人分）

豚バラ薄切り肉 ― 4枚（100g）
[トマト ― 1個
[塩 ― 少々
青じそ ― 4枚
ミックスチーズ ― 適量
塩、こしょう ― 各少々
小麦粉 ―― 適量
Ａ｜砂糖、しょうゆ、酢 ― 各大さじ1
油 ― 大さじ½

（作り方）

1 トマトを4等分の輪切りにし、塩をふっ
  て10分ほどおく。出てきた汁けをキッ
  チンペーパーでふく。

2 青じそ、トマトを1枚ずつ重ねて4等分
  にしたチーズをのせ、端から豚肉を巻い
  ていく。両面に塩、こしょうをふり、小
  麦粉をまぶす。

3 油を熱したフライパンで両面をこんがり
  と焼く。ふたをして蒸し焼きにしてもよ
  い。途中、出てきた脂は、キッチンペー
  パーでふきとる。火が通ったらＡを回し
  かけてからめ、汁けがほぼなくなればよ
  い。好みでこしょうをふっても。

豚肉は端からずらし
ながら巻いていく。

コリっとした歯ごたえが最高

砂肝のねぎまみれ

材料 ：（2〜3人分）

砂肝 — 200g

長ねぎ — 15cm

A
おろしにんにく — 小さじ1
ポン酢しょうゆ — 大さじ2
とりガラスープの素
　　— 小さじ1
ごま油 — 大さじ1

砂肝の白い部分はか
たいので、気になる
場合は半分に切って
から切り落とす。

作り方

1　砂肝は薄切りにする。長ねぎはみじん切りにする。

2　砂肝を3〜4分ゆでてざるに上げ、粗熱をとる。

3　2とねぎをポリ袋に入れ、Aを加えて袋の上からもみ込み、冷蔵室で15分以上おく。好みで糸唐辛子を添える。

POINT

おかずとしてはもちろん、
おつまみにもおすすめの
メニューです。

しらすはお好みの量を入れて
しらすたっぷり にら玉おひたし

明太＋マヨで人気の味
ごぼうの 明太マヨサラダ

（ 材料 ）　（2人分）

にら ― 1わ
しらす干し ― 適量
卵黄 ― 1個分
めんつゆ（2倍濃縮）― 大さじ1

（ 材料 ）　（2〜3人分）

ごぼう ― 1/2 本
にんじん ― 1/3 本
　　｜ 明太子（ほぐす）― 30g
A ｜ マヨネーズ ― 大さじ1
　　｜ めんつゆ（2倍濃縮）― 小さじ 1/2

（ 作り方 ）

1　にらは1分30秒ほどゆでて水にさ
　らし、水けをしぼる。

2　5cm長さに切る。根元もすべて食べ
　られるので切り落とさない。

3　器に盛り、卵黄、しらす干しをのせ、
　水大さじ1と合わせためんつゆを
　かける。

（ 作り方 ）

1　ごぼうはよく洗い、皮ごとせん切り
　にする。5分ほど水にさらして水を
　きる。

2　にんじんは細切りする。ごぼうと合
　わせて耐熱容器に入れ、ラップをか
　け電子レンジで約3分加熱する。

3　粗熱が取れたら水けをきり、Aを加
　えて混ぜる。好みで青ねぎの小口切
　りをのせる。

冷やして食べてもおいしい
レンジで
とろとろなす

ピンチのときは乾物を活用
切り干し大根の
中華風サラダ

材料 ：（2人分）

なす — 2個

A ┃ めんつゆ（2倍濃縮）、水
　 ┃ — 各大さじ2
　 ┃ おろししょうが — 小さじ1

作り方

1　なすはヘタを落とし、皮をむく。

2　1個ずつラップで包み、電子レンジで約4分加熱する。氷水で冷やし、粗熱がとれたら食べやすい大きさに裂く。

3　バットなどにAを合わせ、なすをひたす。好みで削りがつおをのせる。

材料 ：（4人分）

切り干し大根 — 30g

┃ きゅうり — 1本
┃ にんじん — 1/3本
┃ 塩 — 適量
ハム — 4枚

A ┃ 砂糖、しょうゆ、酢
　 ┃ — 各大さじ1
　 ┃ ごま油 — 大さじ1
　 ┃ とりガラスープの素
　 ┃ — 小さじ1/2
　 ┃ 白いりごま
　 ┃ — 大さじ1

作り方

1　切り干し大根は水でもどし、水けをしっかりしぼる。

2　きゅうり、にんじんは細切りにし、塩もみして出てきた水けをしっかりしぼる。ハムは半分に切って細切りにする。

3　大きめのボウルにAを合わせ、1、2を入れてよく混ぜる。

ほうれん草＆卵で"ほうたま"です
ほうたまサラダ

いつもの煮ものがバターで進化
かぼちゃのバター煮

（材料） ∶（3〜4人分）

ほうれん草 ― 1わ
卵 ― 2個
A ｜ 白すりごま ― 大さじ1
｜ 削りがつお ― 適量
｜ マヨネーズ ― 大さじ2
｜ 砂糖、しょうゆ ― 各小さじ2

（作り方）

1 沸騰した湯に卵を入れ、8分ゆでてゆで卵を作る。

2 大きめの鍋で、ほうれん草を根元を下にして入れて約30秒ゆで、葉先まで湯に入れてさらに約30秒ゆでる。冷水にさらして水けをしっかりしぼり、4〜5㎝長さに切る。

3 ボウルにAを合わせ、ほうれん草を入れて混ぜる。ゆで卵も加え、卵をスプーンで食べやすい大きさに切りながら混ぜる。

（材料） ∶（2〜3人分）

かぼちゃ ― 250g
A ｜ バター ― 15g
｜ だしの素 ― 小さじ1
｜ みりん、しょうゆ ― 各大さじ2
｜ はちみつ ― 大さじ2と½

（作り方）

1 かぼちゃは一口大に切る。

2 耐熱容器にかぼちゃとA、水½カップを入れ、ラップをかけて電子レンジで7〜8分加熱する。

3 かぼちゃをくずさないようにさっくり混ぜ、粗熱をとる。

レンチンでパパっとできる
無限オクラ

ツナ入りドレッシングは覚えておくと便利
水菜と大根の
ツナドレサラダ

（ 材料 ）⋮（2〜3人分）

オクラ ― 1袋

A
| めんつゆ（2倍濃縮）、水 ― 各大さじ2
| 白いりごま ― 大さじ1
| 赤唐辛子 ― 1/2本
| おろしにんにく ― 小さじ1/2
| ごま油 ― 小さじ1

（ 材料 ）⋮（3〜4人分）

水菜 ― 1株
大根 ― 5㎝
ツナ缶 ― 1缶（70g）

A
| おろししょうが ― 小さじ1/2
| おろしにんにく ― 小さじ1/2
| 酢、しょうゆ、ごま油 ― 各大さじ1
| 砂糖 ― 小さじ2
| ごま油 ― 大さじ1

（ 作り方 ）

1 オクラはネットに入れたまま流水で
こすり洗いして、うぶ毛を取る。ヘ
タの先を切り落とし、ガクをぐるり
とむきとる。

2 耐熱容器に互い違いに並べ、ラップ
をかけて電子レンジで約1分加熱
する。

3 粗熱がとれたらポリ袋に入れてAを
加え、冷蔵室で15分以上おく。

（ 作り方 ）

1 大根は細切りにする。水菜は3〜4㎝長
さに切る。

2 ボウルに缶汁をきったツナ缶とAを合わ
せてドレッシングを作る。

3 器に水菜、大根の順に盛り、2をのせて
混ぜながら食べる。

こしょうはたっぷりがおすすめ
ミニトマトとたこの マリネ

にんじんはスライサーで切ると
味がよくなじむ
にんじんラペ

（ 材料 ） ⋮ （2人分）

ゆでだこ ― 100g
ミニトマト ― 4個
玉ねぎ ― ¹/₆個

A
- おろしにんにく ― 小さじ ¹/₂
- 白ワインビネガー（または酢）
  ― 大さじ1
- オリーブ油 ― 大さじ1
- 砂糖 ― 小さじ1
- 塩 ― ふたつまみ
- 粗びき黒こしょう ― 適量

（ 作り方 ）

1　たこ、ミニトマトは食べやすい大き
　　さに切る。

2　玉ねぎは薄切りにして、10分ほど
　　水にさらす。キッチンペーパーにと
　　って水けをしぼる。

3　ボウルにAを入れて合わせ、1、2
　　を入れてあえる。

（ 材料 ） ⋮ （2人分）

- にんじん ― 1本
- 塩 ― 適量

A
- 粒マスタード ― 小さじ2
- 白ワインビネガー（または酢）
  ― 大さじ2
- オリーブ油 ― 大さじ2
- はちみつ ― 小さじ1

（ 作り方 ）

1　にんじんは皮つきのままスライサー
　　でせん切りにする。塩をふってもみ、
　　出てきた水けをしぼる。

2　ボウルにAを合わせ、1を入れてあ
　　える。

生で食べられる長いもでさっと作れる

長いもとクリチの明太あえ

箸が止まらないおいしさ

やみつき無限きゅうり

(材料)：（2～3人分）

長いも ― 80g
クリームチーズ ― 45g
みょうが ― 1個
めんつゆ（2倍濃縮）― 小さじ1
明太子 ― 適量

(作り方)

1 長いも、クリームチーズは約1.5cm
 角に切る。みょうがはみじん切りに
 する。

2 ボウルにめんつゆと明太子を合わせ、
 1を加えてあえる。

(材料)：（3～4人分）

きゅうり ― 3本
塩 ― ふたつまみ
ホールコーン缶 ― 1缶（180g）
ツナ缶 ― 1缶（70g）
A　マヨネーズ ― 大さじ3
　　砂糖、酢 ― 各大さじ1

(作り方)

1 きゅうりを細切りにし、塩をもみ込んで
 5分ほどおく。水分が出てきたらよくし
 ぼる。

2 大きめのボウルにAを合わせ、1、缶汁
 をきったコーン缶とツナ缶を入れてあえ
 る。

PART 2

手間なしで

野菜大量消費
おかず

キャベツや白菜のようなかさのある
野菜は、一度にまとめて調理できる
レシピを知っておくと、しおれる前
に食べきれて便利。にんじんや玉ね
ぎなども1本、1個が使いきれるレ
シピをお伝えします。

POINT

玉ねぎは先にレンジで加熱すると、よく焼けてトロリとなります。

焼いて甘〜くなった玉ねぎが最高!

玉ねぎのパン粉焼き

玉ねぎ
大1個

材料 ：（3〜4人分）

玉ねぎ — 大1個
ソーセージ — 4本
塩、こしょう — 各少々
オリーブ油 — 大さじ2
マヨネーズ — 適量
パン粉 — 適量

作り方

1 玉ねぎは縦半分に切り、さらに4等分のくし
　形に切る。ソーセージは斜め半分に切る。

2 玉ねぎを耐熱容器に並べ、ラップをかけて電
　子レンジで約5分加熱する。

3 耐熱容器を取り出し、塩、こしょう、オリー
　ブ油をかけ、ソーセージを並べる。マヨネー
　ズを全体にしぼってパン粉をのせ、230℃に
　予熱したオーブンまたはオーブントースター
　で焼き色がつくまで約15分焼く。好みでパ
　セリのみじん切りをふる。

マヨネーズは直接しぼりかければラク
ラク。

POINT.
オニオンリングは揚げ焼き
よりも多めの油にしたほう
が、上手に揚げられます。

青のりが香ばしい

磯辺のオニオンリング

玉ねぎ
大1個

(材料) ⋮（2〜3人分）

玉ねぎ — 大１個
小麦粉 — 大さじ１
ころも
　小麦粉 — 大さじ10（100g弱）
　コンソメ — 小さじ２
　青のり — 大さじ２
　水 — 140㎖
油 — 適量

(作り方)

1 玉ねぎは２㎝幅の輪切りにし、バラバラ
　のリング状にする。

2 ポリ袋に１と小麦粉を入れ、シャカシャ
　カ振って小麦粉をまぶす。

3 ボウルにころもの材料を混ぜ、２をくぐ
　らせて、170℃の油で揚げる。

小麦粉はポリ袋の中
でつけると洗いもの
も少なくてすむ。

細切りにんじんがぎっしり

にんじんたっぷりスペイン風オムレツ

にんじん
1本

材料 ┊（2〜3人分）

にんじん ― 1本
卵（Sサイズ）― 3個
プロセスチーズ ― 2個
ベーコン ― 4枚
牛乳 ― 大さじ1
カレー粉 ― 小さじ1
油 ― 大さじ1/2

にんじんをフライパンに敷き詰めてから卵液を流し入れる。

作り方

1 にんじんはスライサーで細切りにし、耐熱容器に入れてラップをかけ、電子レンジで約2分加熱する。

2 ボウルに卵を溶きほぐし、チーズとベーコンをちぎり入れ、牛乳とカレー粉も加えて混ぜる。

3 直径20cmのフライパンに油をひいて1を平らに敷き詰める。火をつけて2を流し入れ、ふたをして6分ほど焼く。返してさらに3分ほど、火が通るまで焼く。好みでケチャップをかけ、粉チーズとみじん切りのパセリをふる。

POINT

オムレツを返すときは、皿をかぶせてフライパンを返し、皿にのったオムレツをフライパンに戻すと失敗しません。

POINT
オリーブ油でコーティング
したにんじんは、ほどよく
水分が抜けたホクホクの食
感に。

シンプルなのに驚くほどのおいしさ

ぶっちぎりの にんじんロースト

にんじん たっぷり

（材料） ：（好みの分量）

にんじん ― 適量
オリーブ油 ― 適量
粉チーズ ― 適量
塩 ― 適量
粗びき黒こしょう ― 適量

A ｜ 粒マスタード、マヨネーズ
　 ｜ ― 各大さじ1
　 ｜ はちみつ ― 大さじ1/2

（作り方）

1　にんじんは皮つきのまま縦4つ割りにする。

2　天板または耐熱容器にオーブンシートを敷き、
　　ペーパーの上にオリーブ油を回しかけて粉チ
　　ーズをふってから、にんじんをのせる。上か
　　ら塩、こしょう、オリーブ油をかけ、好みで
　　ローズマリーをのせる。

3　200℃に予熱したオーブンで約20分焼く。
　　こんがりとして火が通ればよい。Aを混ぜた
　　ソースを添え、つけて食べる。

オリーブ油と粉チーズを敷いたところ
ににんじんをのせ、上からもオリーブ
油をかける。

POINT.
キムチは炒めるとうまみが
アップします。コチュジャ
ンの量は好みで。

大根に豚肉のうまみがしみしみ

大根のミルフィーユ キムチ鍋

大根
1/2本

材料 ：（好みの分量）

大根 ― 1/2 本
豚バラ薄切り肉 ― 300g
白菜キムチ ― 200g
にら ― 適量
酒 ― 1/2 カップ
だしの素 ― 小さじ 2

A
おろしにんにく ― 小さじ 1
おろししょうが ― 小さじ 1
コチュジャン ― 小さじ 2
みそ ― 大さじ 1
とりガラスープの素 ― 小さじ 2

ごま油 ― 大さじ 1

作り方

1　大根は 3 mm幅の薄い輪切りにする。豚肉は大根の直径と同じくらいの幅に切る。鍋に大根と豚肉を交互に並べていく。

2　鍋を火にかけ、まん中のあいたところにごま油を熱し、キムチを 5 分ほど強火で炒める。水 2 カップ、酒、だしの素を入れ、ふたをして15分ほど煮る。

3　Aを加え、大根がしんなりとして透き通った感じになるまで、ふたをしてさらに煮る。4〜5 cm長さに切ったにらをのせてかるく煮る。

大根と豚肉は鍋のまん中をあけて、放射状に並べていく。

青じそ入りの肉みそが味の決め手

ふろふき大根の肉みそがけ

大根
1/3本

材料 ∷（2〜3人分）

- 大根 — 1/3本
- だしの素 — 小さじ1
- 合いびき肉 — 150g
- 片栗粉 — 大さじ1
- 青じそ — 10枚

A
- 砂糖 — 大さじ3
- 酒、みそ、みりん — 各大さじ2

油 — 大さじ1/2

ひき肉を炒めたらみじん切りの青じそも加える。

作り方

1 大根は3〜4cm幅の輪切りにして皮を厚めにむき、片面に十字の切り目を入れる。耐熱容器に並べ、だしの素、水50mℓを入れ、ラップかけて電子レンジで12分ほど加熱する。大根が中心まで透き通り、竹串がスッと通ればよい。

2 フライパンに油を熱して、片栗粉をまぶしたひき肉を炒め、色が変わったらみじん切りにした青じそを入れて炒め合わせる。

3 Aと1を汁ごと、水150mℓを加え、途中で大根を返しながらとろみがつくまで15分ほど煮る。好みで貝割れ菜を添える。

甘じょっぱいマヨソースが美味

丸ごとじゃがマヨ

じゃがいも 2個

材料 ：（3〜4人分）

じゃがいも ― 大2個

A ┃ ツナ缶 ― 1缶（70g）
┃ 青のり ― 大さじ1
┃ マヨネーズ ― 大さじ3
┃ 砂糖、しょうゆ ― 各大さじ1
┃ おろしにんにく ― 小さじ1/2

ミックスチーズ ― 30〜40g

じゃがいもは湿らせたキッチンペーパー、ラップの順に包んでレンジ加熱する。

作り方

1 じゃがいもはよく洗い、皮つきのまま十字に深く切り目を入れる。1個ずつ水で湿らせたキッチンペーパーで包み、さらにラップで包んで耐熱容器に入れ、電子レンジで約8分加熱する。

2 ツナ缶は缶汁をきり、ほかのAの材料と混ぜ合わせる。

3 1のラップとキッチンペーパーを取り、切れ目に2を詰めてミックスチーズをのせ、オーブントースターで焼き目がつくまで焼く。

POINT
じゃがいもをレンジ加熱するときは、水分がとびすぎないように湿らせたキッチンペーパーを使って。

POINT

ルウは少なめ、香味野菜やほかの調味料を足して、さらっとライトなカレーにします。

とろとろになった白菜がごちそう級

白菜たっぷりスープカレー

白菜
1/4個

（材料）⋮（2人分）

白菜 — 1/4 個

手羽元 — 4 本
塩、こしょう — 各少々

玉ねぎ — 1/4 個

にんにく — 1 片

しょうが — 1 かけ

ゆで卵 — 2 個

カレールウ — 2 かけ

バター — 15g

A

めんつゆ（2倍濃縮）— 大さじ1
ケチャップ、はちみつ、
ウスターソース — 各大さじ1
（あれば）バジルの葉のみじん切り
— 適量

オリーブ油 — 大さじ1と1/2

（作り方）

1 白菜は縦半分に切る。手羽元はキッチンペーパーで汁けをふき、塩、こしょうをふる。玉ねぎ、にんにく、しょうがはみじん切りにする。

2 深型のフライパンにオリーブ油大さじ1/2を熱し、玉ねぎ、にんにく、しょうがを強火で5分ほど炒め、いったん取り出す。オリーブ油大さじ1を足し、白菜と手羽元を入れて両面に焼き色をつける。

3 玉ねぎ、にんにく、しょうがを戻し入れ、水3カップ、カレールウ、バター、ゆで卵を加え、煮立ったら弱めの中火にしてふたをし、途中で白菜を返しながら約30分煮込む。Aを加え、白菜がとろとろになるまでふたをしてさらに煮込む。

包丁をほとんど使わないラクおかず

白菜と豚バラのレンジ重ね蒸し

白菜 ¼個

（ 材料 ）（3〜4人分）

白菜 — ¼個
豚バラ薄切り肉 — 200g
塩、こしょう — 各少々
ポン酢しょうゆ — 適量

（ 作り方 ）

1 白菜は芯を切り落とし、葉を1枚ずつはがして、塩、こしょうをふりながら白菜と豚バラ薄切り肉を交互に重ねる。

2 1を耐熱容器の高さに合わせた幅に切り、切り口を上にして耐熱容器に並べ、ラップをかけて電子レンジで約8分加熱する。容器を180度回し、さらに6〜8分加熱する。

3 器に盛り、好みで大根おろしと小口切りにした青ねぎをのせる。ポン酢しょうゆをかけて食べる

白菜の葉の間に豚肉をはさんでいく。

POINT
電子レンジ加熱の途中で、向きを変えて加熱ムラを防ぎます。

SNSで800万回超再生のバズりメニュー

キャベツステーキ

キャベツ
輪切り
2枚

材料 （2人分）

キャベツの輪切り — 2枚
オリーブ油 — 適量
塩、こしょう — 各少々
バター — 20g
おろしにんにく — 2片分
ミックスチーズ — 適量

作り方

1 キャベツの両面にオリーブ油、塩、こしょうをふる。やわらかくしたバターとにんにくを混ぜる。

2 フライパンでキャベツの両面に焼き目がつくまでこんがり焼き、にんにくバターを両面に塗る。ふたをして弱火にし、途中で一度返して8分ほど蒸し焼きにする。

3 ミックスチーズをのせて再びふたをし、チーズが溶ければよい。好みで粗びき黒こしょうをふる。

キャベツは丸ごと輪切りにする。ステーキにはまん中あたりを使用。

POINT

片栗粉を入れるともっちり感が出ます。

キャベツ
1/4個

大根もちのキャベツ版

キャベツもち

(材料) ┊ (2枚分)

キャベツ — 1/4個
ソーセージ — 3本
片栗粉 — 大さじ2
塩、こしょう — 各少々
油 — 大さじ1/2

キャベツ、ソーセージ、片栗粉、塩、こしょうを混ぜる。

(作り方)

1 キャベツはスライサーでせん切りにする。ソーセージはみじん切りにする。
※ソーセージが多いと生地がまとまりづらくなるので、分量通りの量を使用して。

2 ボウルに1と片栗粉、塩、こしょうを入れてよく混ぜ合わせる。

3 油を熱したフライパンに半量を入れて円く広げ、上からへらなどでぎゅーっと押さえながら、火が通るまで両面をこんがり焼く。同様にもう1枚焼く。

1個がペロリと食べられる

レタスのホットサラダ

レタス
1個

材料 （3〜4人分）

レタス ― 1個
ベーコン ― 適量

A
おろしにんにく ― 小さじ 1/2
マヨネーズ、牛乳 ― 各大さじ 2
粉チーズ ― 大さじ 1
白ワインビネガー（または酢）― 小さじ 1
粒マスタード ― 小さじ 1
砂糖 ― 小さじ 1/2

温泉卵 ― 1個

レタスはレンジ加熱する。かさが減って食べやすくなる。

作り方

1 レタスは8等分のくし形に切り、耐熱容器に入れてラップをかけ、電子レンジで4〜5分加熱する。

2 ベーコンは2cm幅の細切りにし、油をひかないフライパンに入れて弱火でじっくりとカリカリに焼く。

3 1を器に盛って2を脂ごとかけ、Aを混ぜてかける。温泉卵をのせ、好みで粉チーズ、粗びき黒こしょうをふる。

POINT
シーザーサラダ風にするとボリュームのあるおかずになります。

なすに片栗粉をまぶすと、
のり代わりになってひき肉
だねがつきやすくなる。

POINT

ジューシーななすがぞんぶんに楽しめる

なすの丸ごとはさみ揚げ

なす 小3個

材料 （3個分）

なす ― 小3個
片栗粉 ― 適量

A
合いびき肉 ― 120g
長ねぎ ― 1/3本
おろししょうが ― 小さじ1
砂糖 ― 小さじ2
カレー粉、みそ ― 各小さじ1
塩、こしょう ― 各少々
片栗粉 ― 大さじ1/2

油 ― 適量

作り方

1 なすはガクをぐるりと切り取り、下から十字に深く切り込みを入れる。Aの長ねぎはみじん切りにする。

2 ボウルにAの材料を入れてよく混ぜる。なすの切れ目に片栗粉をまぶし、2を3等分して丸め、詰める。

3 揚げ油を170℃に熱し、ひき肉だねに火が通るまで揚げる。好みで器に青じそを敷いて盛る。

なすの切れ目に片栗粉をまぶす。

POINT

なすはあっさり味なので、みそ、ごま、チーズなどがよく合います。

みそとチーズは同じ発酵食品で相性よし

丸ごとなすのみそチーズピザ

なす
2個

材料 ∶（2人分）

なす ― 2個

A
| みそ ― 大さじ2
| 酒、砂糖 ― 各大さじ1
| 白すりごま ― 大さじ1

ミックスチーズ ― 適量

なすに縦に1本切り目を入れて、左右に広げるように開く。

作り方

1 なすは竹串で数カ所穴をあけて、1個ずつラップで包む。電子レンジで約3分加熱し、粗熱をとる。

2 なすに縦に切り目を1本入れ、平らに広げ、耐熱容器に並べる。

3 なすにAを混ぜて塗り、チーズをたっぷりのせ、230℃に予熱したオーブンで約20分焼く。またはオーブントースターで焼く。好みで青ねぎの小口切りを散らす。

おもてなしにも喜ばれる1品

トマトの肉詰め

トマト
4個

材料 （4個分）

トマト ― 4個
玉ねぎ ― 1/4 個
にんにく ― 1片
塩、こしょう ― 各少々

A
合いびき肉 ― 150g
卵（Sサイズ）― 1個
パン粉 ― 小さじ2
みそ ― 大さじ1
塩、こしょう ― 各少々
（あれば）ナツメグ ― 少々

ミックスチーズ ― 適量
（あれば）ローズマリー ― 適量
オリーブ油 ― 大さじ1

作り方

1 トマトはヘタがふたになるように切り落とし、ヘタはとっておく。トマトは中身をスプーンで取り出し、細かく刻む。玉ねぎ、にんにくはみじん切りにする。フライパンにオリーブ油とにんにくを入れて弱火にかけ、トマトの中身と玉ねぎを入れて強火で汁けがとぶまで炒め、塩、こしょうをふる。バットに移し粗熱をとる。

2 ボウルにAを入れて混ぜ、粗熱がとれた1を加えてよく練り混ぜる。

3 トマトに2を詰めてチーズをのせ、ヘタでふたをする。耐熱容器に並べてローズマリーをのせ、180℃に予熱したオーブンで約30分焼く。

中身がくりぬきにくいときはナイフで切り目を入れる。

トマトの中身は強火で炒めて汁けをとばす。

POINT
トマトの中身も炒めてからひき肉だねに入れて活用。

PART 3

大好評！

うちの
超人気おかず

家族にも、インスタグラムでも人気
のメニューたち。食べごたえのある
肉おかずで、白いごはんがすすむ味
つけ、という点が支持される理由で
しょうか。わが家のテーブルに繰り
返し登場する「ザ・定番」です。

POINT.

れんこんは皮つきのままで
OK。スピーディーに作れ
るメインおかずです。

にんにくが隠し味のまろやかマヨソースで

やみつきとりマヨれんこん

材料 （3〜4人分）

とりもも肉 ― 1枚 (300g)
れんこん ― 150g
酢 ― 適量
片栗粉 ― 大さじ3

A
マヨネーズ ― 大さじ2
粒マスタード ― 大さじ1
はちみつ、しょうゆ ― 各大さじ1
おろしにんにく ― 1片分

油 ― 大さじ½

作り方

1 とり肉は一口大に切る。れんこんはよく洗い、皮つきのまま食べやすい大きさに切り、5分ほど酢水にさらして水けをふく。

2 ポリ袋に1と片栗粉を入れ、よく振り混ぜて片栗粉をまんべんなくまぶす。

3 油を熱したフライパンに2を入れ、全体に焼き目がついてとり肉に火が通るまで焼く。その間にAの材料を大きめのボウルに合わせてソースを作る。とり肉とれんこんをボウルに入れてソースをからめる。好みで青のりをふる。

れんこんは歯ごたえが楽しめる一口大の乱切りにする。

POINT

豚肉を焼いて出てきた脂は、調味料を加える前にふき取ります。

ご飯がすすむソースをからめて

がっつりうまいトンテキ

（材料）：（2人分）

┌ 豚ローストンカツ用肉 ― 2枚
│ 塩、こしょう ― 各少々
└ 小麦粉 ― 少々

┌　 おろしにんにく ― 小さじ1
│　 おろししょうが ― 小さじ1
A │ しょうゆ、みりん ― 各大さじ1
│　 オイスターソース ― 小さじ2
└　 砂糖 ― 大さじ1/2
油 ― 大さじ1/2

（作り方）

1 豚肉は筋切りし、塩、こしょうをふり、小麦粉を両面にまぶす。

2 フライパンに油を熱し、1を入れて両面を2分ずつほど、こんがり焼き色がついて火が通るまで焼く。いったん火を止め、キッチンペーパーで出てきた脂をふき取る。

3 フライパンにAを加えて再び火をつけ、豚肉にからめる。ソースにとろみがつけばよい。好みでちぎったレタスを添える。

赤身と脂身の境目に、何カ所か切り目を入れて筋切りをする。

いつものサラダに紫キャベツを使って （添えたいサブおかず）

紫キャベツのコールスロー

（材料）：（3～4人分）

┌ 紫キャベツ ― 1/6個
└ 塩　適量

ホールコーン ― 大さじ2

┌　 マヨネーズ ― 大さじ2
A │ 粉チーズ、酢 ― 各大さじ1
└　 砂糖 ― 大さじ1/2

（作り方）

1 紫キャベツはスライサーでせん切りにして、塩を加えてもみ、出てきた水けをしぼる。

2 ボウルに1、コーン、Aを入れてよく混ぜる。

香味野菜のきいたさっ
ぱりだれが食欲をそそ
ります。

油淋鶏を豚こまに替えて手軽に作る

うまだれ油淋豚

材料 ┊（2人分）

豚こま切れ肉 ― 200g
おろしにんにく ― 小さじ1
しょうゆ ― 大さじ2
酒 ― 大さじ1
青じそ ― 5枚

A
砂糖、酢、しょうゆ ― 各大さじ2
ごま油 ― 大さじ1
おろしにんにく ― 1片分
おろししょうが ― 1かけ分

片栗粉 ― 適量
油 ― 適量

作り方

1 豚肉におろしにんにく、しょうゆ、酒をもみ
込み、約10分おく。青じそは細切りにする。
大きめのボウルにAを合わせてたれを作っ
ておく。

2 1の汁けをかるくきり、片栗粉をまんべんな
くまぶす。フライパンに深さ1cmくらいの油
を170℃に熱して、こんがり揚げ焼きにする。

3 熱々のうちにたれのボウルに入れてからめ、
青じそも混ぜる。

少ない油で揚げ焼きに。豚こま切れ肉
なので火が通りやすい。

POINT

ころものコーンフレークで
ザクザク食感に。ヤンニョ
ムだれもよくからみます。

辛くて甘い韓国風チキン

ザクザクヤンニョムチキン

（材料）：（2人分）

とりもも肉 ― 1枚（300g）
酒 ― 大さじ2
しょうゆ ― 大さじ1
おろしにんにく ― 1片分
おろししょうが ― 1かけ分
〈ころも〉
卵 ― 1個
小麦粉 ― 大さじ3
コーンフレーク（甘くないもの）
　― 100g
A｜コチュジャン、はちみつ
　　― 各大さじ2
しょうゆ、みりん ― 各大さじ1
ケチャップ、水 ― 各大さじ1
白いりごま ― 大さじ1
油 ― 適量

（作り方）

1 とり肉は小さめの一口大に切る。ポリ袋に入れて、酒、しょうゆ、にんにく、しょうがを加えてよくもみ込み、冷蔵室で20分ほどおく。

2 バットにコーンフレークを入れて手で砕く。別のボウルに卵と小麦粉を入れて混ぜ、1を入れてからめ、コーンフレークをまんべんなくまぶす。

3 フライパンに1cm深さの油を160℃に熱し、2を途中で返して5分ほど、火が通るまで揚げる。別のフライパンにAを入れ、強火でとろみがつくまで混ぜながら2分ほど煮詰め、から揚げを入れてからめる。

チキンに合うさっぱり味　（添えたいサブおかず）

ねぎときゅうりの韓国風サラダ

（材料）：（2〜3人分）

長ねぎ ― 1/2本
きゅうり ― 1本
塩 ― 適量
ツナ缶 ― 1缶（70g）
A｜白すりごま ― 大さじ1
粉唐辛子 ― 小さじ1/2
酢 ― 大さじ1と1/2
しょうゆ、砂糖 ― 各大さじ1
ごま油 ― 小さじ2

（作り方）

1 ねぎは斜め薄切りにし、水につけて水の中で強めにもみ、5分ほどおく。きゅうりは細切りにし、塩もみする。

2 ボウルにAを混ぜ合わせ、キッチンペーパーで水けをふいた1、缶汁をきったツナを加えてよく混ぜる。

POINT

玉ねぎはレンジ加熱して、炒める時間を大幅に短縮します。

本格味を手間なしで

ビーフストロガノフ

材料 ：（2〜3人分）

牛薄切り肉 — 200g
塩、こしょう — 各少々
玉ねぎ — 大1個（400g）
マッシュルーム — 5個
にんにく — 1片
バター — 30g
小麦粉 — 大さじ2

A
固形コンソメ — 1個
ケチャップ、ウスターソース
— 各大さじ3
生クリーム — ½カップ
レモン汁 — 大さじ1
塩 — 少々
温かいご飯 — 茶碗2〜3杯分

作り方

1 玉ねぎは薄切りにして耐熱容器に入れ、ラップをかけて電子レンジで約8分加熱する。マッシュルームは薄切り、にんにくはみじん切りにする。牛肉は塩、こしょうをふる。

2 鍋にバターとにんにくを入れて弱火にかけ、1の玉ねぎを加えて茶色に色づくまで中火で炒める。玉ねぎがとろとろになったら、マッシュルーム、1の牛肉を入れて炒め、肉の色が変わったら小麦粉を加えてなじませる。水300㎖とAも加えて15分ほど煮込む。

3 生クリームとレモン汁を加えてさらに5分ほど煮て、塩で味を調える。器にご飯とともに盛り、好みでみじん切りのパセリとパプリカパウダーをふる。ご飯はバターライスにしてもおいしい。

玉ねぎは茶色く色づき、とろとろになるまで炒める。

PART 4

忙しくてもこれでのりきる

野菜もとれる
お助けおかず

クタクタで料理を作る気力がないとき、忙しくて献立を考える余裕がないとき、ピンチを救うメニューがあると心にゆとりができます。今ある野菜でなんとかなるレシピは栄養バランスもしっかり。おかずも同時に作れる炊飯器レシピは必見です。

野菜はあるものでOK。ソースもうまい！

うまいに決まってる焼き

材料 ：（3〜4人分）

とり手羽先 ― 8本
かぼちゃ、れんこん、ピーマン、
なす、ミニトマト ― 各適量
塩、粗びき黒こしょう ― 各適量
オリーブ油 ― 適量

〈ソース〉
おろし玉ねぎ ― 1/4 個分
にんにくのみじん切り ― 1片分
酒 ― 大さじ2
しょうゆ、はちみつ ― 各大さじ1
みりん ― 小さじ1
バター ― 10g

作り方

1 手羽先の水けをキッチンペーパーでしっかりふき、塩、こしょうを多めにふる。野菜はそれぞれ食べやすい大きさに切る。かぼちゃなど、火の通りにくい野菜は、耐熱容器に入れてラップをかけ、電子レンジで加熱しておく。

2 天板にオーブンシートを敷き、1を並べ、塩、こしょうをふり、オリーブ油をたっぷり回しかける。好みでローズマリーをのせ、170℃に予熱したオーブンで約20分焼く。さらに250℃に温度を上げて、約10分焼く。

にんにく、玉ねぎを煮詰めて調味料を加え、さらに煮詰めてソースに。

3 ソースを作る。鍋にバターとにんにくを入れて弱火にかけ、香りが立ったらおろし玉ねぎを加えて強めの中火で5分ほど煮詰める。残りの材料を加えて混ぜながら強火で煮詰める。好みで粗びき黒こしょうをふる。2にソースを添える。

POINT

使う野菜の分量によって、味つけが濃くなりすぎないように調味料の量を加減して。

"八"宝菜にしなくても今ある野菜で作って

自由宝菜

（材料）：（2～3人分）

豚こま切れ肉 — 150g
塩、こしょう — 各適量
片栗粉 — 大さじ1

白菜 — 350g

ピーマン — 1個

にんじん — 1/3本

玉ねぎ — 1/4個

きくらげ（生）— 適量

しょうが — 1かけ

塩、こしょう — 各適量

A
オイスターソース — 大さじ1
酒、砂糖、しょうゆ — 各大さじ1
とりガラスープの素 — 小さじ2

ごま油 — 大さじ1

（作り方）

1 豚肉はポリ袋に入れ、塩、こしょう、片栗粉を加え、振り混ぜてまぶす。しょうがは細切りにする。ほかの野菜ときくらげは食べやすい大きさに切る。

2 フライパンにごま油を熱し、しょうがと豚肉を炒めていったん取り出す。野菜を火の通りにくいものから順に入れ、きくらげも入れて炒め、全体がしんなりしたら豚肉を戻し入れ、塩、こしょうをふる。

3 水1カップとAを加え、煮汁が少なくなってとろみがつくまで煮る。とろみが足りないときは、様子を見ながら水溶き片栗粉（分量外）を足す。

半端に残った野菜はこれで消費。キャベツ、ピーマン、きのこ類などでも

チャプチェ

材料 :（2人分）

はるさめ ― 60g

牛薄切り肉 ― 150g
おろしにんにく ― 小さじ1
しょうゆ ― 大さじ1
砂糖 ― 大さじ1/2

玉ねぎ ― 1/2個

にんじん ― 1/2本

ほうれん草 ― 1株

塩、こしょう ― 各少々

A
おろしにんにく ― 小さじ1
おろししょうが ― 小さじ1
とりガラスープの素 ― 小さじ1
砂糖 ― 大さじ1と1/2
しょうゆ、みりん ― 各大さじ1
白いりごま ― 大さじ1

ごま油 ― 適量

作り方

1 はるさめは3分ほどゆでてざるに上げる。食べやすく切った牛肉とにんにく、しょうゆ、砂糖をポリ袋に入れ、よくもみ込んで15分ほどおく。

2 玉ねぎはくし形切り、にんじんは細切り、ほうれん草は3㎝幅に切る。Aを混ぜておく。

3 フライパンにごま油大さじ1/2を熱して野菜を炒めて塩、こしょうをふり、しんなりしたらいったんとり出す。牛肉を炒め、色が変わったら、野菜を戻し入れ、はるさめ、Aも加えて炒め合わせる。好みで仕上げにごま油を回しかける。

POINT
炒めて食べられる野菜なら、なんでもOKです。

POINT

材料をすべて炊飯器に入れて炊くだけで、ワンプレートごはんになります。

おかずとご飯が一度にできあがる

シンガポールチキンライス

（ 材料 ）：（2人分）

米 — 1合
とりもも肉 — 1枚 (300g)
酒、とりガラスープの素
　 — 各大さじ1
おろししょうが — 小さじ1
おろしにんにく — 小さじ1

A｜
長ねぎのみじん切り — 15cm分
おろしにんにく — 小さじ½
おろししょうが — 小さじ½
しょうゆ、酢 — 各大さじ1
オイスターソース、砂糖
　 — 各小さじ1
ごま油 — 大さじ1

（ 作り方 ）

1　炊飯器の内釜に洗った米、とり肉、酒、とり
　 ガラスープの素、しょうが、にんにくを入れ、
　 水を1合の線まで加えて炊飯する。

2　Aを混ぜ合わせておく。

3　炊き上がったらとり肉を取り出し、食べやす
　 い大きさに切る。ご飯とともに盛って2をか
　 け、好みで斜め薄切りにしたきゅうり、くし
　 形切りのトマト、香菜を添える。

とりもも肉は1枚のまま入れ、炊き上
がってから食べやすく切る。

POINT.

味つけは焼き肉のたれとコチュジャン。ごま油をきかせるとよりキンパらしくなります。

巻かなくてもキンパになる!?

キンパ風炊き込みご飯

（材料）（3～4人分）

米 — 2合

牛切り落とし肉 — 250g
焼き肉のたれ（市販品）— 大さじ5
コチュジャン — 大さじ1
とりガラスープの素 — 大さじ1

にんじん — 1/2本
もやし — 1/2袋
にら — 3本
たくあん — 60g
ごま油 — 適量

牛肉、にんじん、もやしを入れて炊き、にらとたくあんは炊き上がってから混ぜる。

（作り方）

1 ポリ袋に牛肉と焼き肉のたれ、コチュジャン、とりガラスープの素を入れてもみ込み、冷蔵室で15分ほどおく。にんじんは細切り、にらは2cm幅に切る、たくあんは粗いみじん切りにする。

2 炊飯器の内釜に洗った米、もやし、にんじん、1の牛肉を入れ、水を2合の線よりやや少なめに加えて炊飯する。

3 炊き上がったら、にら、たくあんを入れ、ごま油をひと回し加えて混ぜる、好みで、温泉卵、白菜キムチ、白いりごまをのせる。韓国のりをトッピングしても。

さつまいも1本をそのまま炊き込む

丸ごとさつまいもご飯

材料 （3〜4人分）

米 — 2合
豚バラ薄切り肉 — 150g
さつまいも — 中1本

A
塩昆布 — 大さじ2
だしの素 — 小さじ2
みりん — 大さじ2
酒、みそ — 各大さじ1

バター — 20g

さつまいもは丸ごと入れ、炊き上がったら、切るようにしてしゃもじで混ぜる。

作り方

1 豚肉は食べやすく切る。

2 炊飯器の内釜に洗った米、Aを入れ、皮つきのさつまいもと豚肉をのせ、2合の線まで水を加えて炊飯する。

3 炊き上がったら15分蒸らし、バターを加え、さつまいもをくずしながら全体を混ぜ合わせる。好みで青ねぎの小口切りを散らす。

POINT
さつまいもはおいしさを丸ごととれる皮つきのまま入れます。皮が気になる人は炊飯後に除いて。

POINT

バラ肉の脂とにんにく、し
ょうがの風味で野菜がおい
しく食べられる豚汁です。

ある材料をなんでも入れるとおいしくなる

具だくさん豚汁

（材料）：（4～5人分）

豚バラ薄切り肉 — 200g
にんにくのみじん切り — 1片分
しょうがのみじん切り — 1かけ分
にんじん — 1/3 本
ごぼう — 1/2 本
小松菜 — 1株

長いも — 70g
しめじ — 1/2 パック
こんにゃく — 120g
塩 — 適量
みそ — 大さじ2
だしの素 — 大さじ1
ごま油 — 大さじ1

（作り方）

1　豚肉、野菜はそれぞれ食べやすく切る。しめ
　じは小房に分ける。こんにゃくは塩もみして、
　食べやすく切る。

2　鍋にごま油とにんにく、しょうがを入れて弱
　火にかけ、香りが立ったらにんじん、ごぼう
　を加えて中火で炒める。油が回ったら豚肉も
　加えて炒め、残りの野菜も加えて炒める。

かたい根菜を炒めてから豚肉を入れて
炒める。

3　野菜がしんなりしてきたら水3カップを入れ
　て煮立て、アクを除きながら野菜に火が通る
　まで煮る。みそ、だしの素を加えて少し煮る。
　好みで青ねぎの小口切りを散らす。

火が通りやすい葉野菜は炒める最後に
加える。

夫が作る週末お助けの一皿

1

焼き加減が絶妙なので、ステーキは夫におまかせです

強火で短時間焼いて中心部をレアに

ステーキ&ガーリックライス

週末など時間のあるときは、夫が料理を作ってくれます。
元料理人だったので腕は確か。食べると幸せになれます。
2人でキッチンに立つのも楽しい時間。

材料 ：（2人分）

牛ステーキ用肉 — 1枚（180g）
塩 — 適量
粗びき黒こしょう — 適量
にんにく — 3片
青じそ — 5枚

温かいご飯 — 300g
焼き肉のたれ（市販品）— 大さじ1
しょうゆ — 小さじ1
塩、こしょう — 各少々
オリーブ油 — 大さじ1

作り方

1　牛肉は脂身を切り落とし、筋を断つように包丁で切り目を入れる。落とした脂身は細かく刻む。

> 牛肉は厚さ1cmくらいで、
> 脂身が縁についているものを選んで。

2　フライパンに脂身を入れ、脂が出てくるまで弱火で熱する。

3　牛肉は焼く直前に塩、こしょうをふる。早くふると表面に汁けが出てしまう。

4　牛肉を強火で焼く。焼き目がついたら返して両面焼く。片面を30秒ずつくらいが目安。

> 牛肉を取り出し、
> 室温にしばらくおいて落ち着かせる。
> すぐに切ると肉汁が出てしまう。

5　ガーリックライスを作る。にんにくはみじん切りに、青じそはせん切りにする。冷たいフライパンに、にんにくとオリーブ油を入れて弱火にかけ、香りが立つまで炒め、ご飯を加える。

> 熱いフライパンで
> にんにくを炒め始めると、
> 香りが立つ前に焦げてしまう。

6　焼き肉のたれ、しょうゆ、塩、こしょうを加えて中火で炒める。汁けがとんだら火を止め、青じそを混ぜる。

7　ガーリックライスを器に盛り、ステーキを食べやすく切ってのせる。好みでレモンの半月切りを添える。

PART 5

「好き」を集めた

自分の機嫌をとる
おつまみおかず

おかずのような、おつまみのような
メニューが多いわが家。好きなおつ
まみでおいしくお酒を飲むことは、
心の栄養になります。簡単に、手間
をかけずに作るのは、おつまみも共
通。市販品とは違った手作りのおい
しさと満足感を味わえるレシピです。

POINT

れんこんやブロッコリーを
入れるのもおすすめ。レン
ジ加熱してから加えてくだ
さい。

パンを添えてオイルにひたして食べるのがおすすめ

たこと野菜のアヒージョ

材料 ┊（2〜3人分）

ゆでだこ — 100g
じゃがいも — 1個
ミニトマト — 適量
好みのきのこ — 適量

A
オリーブ油 — 1/2カップ
にんにく — 2片
赤唐辛子 — 1本

塩 — 小さじ1/2
バター — 10g

作り方

1 たこ、皮つきのじゃがいもは1.5cm角くらい
に切る。じゃがいもを耐熱容器に入れ、ラッ
プをかけて電子レンジで約2分30秒加熱す
る。きのこ（ここではエリンギ）は食べやす
く切る。Aのにんにくはみじん切りにする。

2 直径20cmのスキレットまたはフライパンに
Aを入れ、弱火にかける。香りが立ったら1
とミニトマトを入れ、全体に火が通るまで加
熱する。

3 塩とバターを入れて味を調える。好みでちぎ
ったバジルの葉と粗びき黒こしょうをふり、
バゲットを添える。

アヒージョに入れる具はコロコロに切
るとよい。

スキレットで作ればそのまま食卓に出
せる。

POINT

カルパッチョはお店で食べるもの、というイメージがありますが、家でもおいしく作れます。

簡単なので気軽に作ってください

おうちで作るカルパッチョ

（材料） ： （2〜3人分）

サーモン（刺身用）― 1さく（150g）
塩 ― 適量
リーフレタス ― 適量
〈ソース〉
オリーブ油、レモン汁 ― 各大さじ1
しょうゆ ― 小さじ1
おろしにんにく ― 小さじ 1/2
塩 ― ひとつまみ

（作り方）

1 サーモンの表面の水分をキッチンペーパーでふき、塩を全体にすり込んでキッチンペーパーで包み、さらにラップで包んで冷蔵室で30分おく。盛り付ける器も冷蔵室で冷やしておく。

2 サーモンの塩を水で流して水けをふき、2〜3mm幅に切る。冷やした器にリーフレタスを敷き、サーモンを並べる。

3 ソースの材料をよく混ぜてかけ、好みで小さく切ったミニトマトとレモンを散らし、粗びき黒こしょうをふる。

リーモンは、できるだけ薄く切るようにする。

白だしとわさびでちょっぴり大人味

わさび風味のポテサラ

（ 材料 ） ：（3〜4人分）

じゃがいも ― 中2個
玉ねぎ ― 1/4個
枝豆 ― 適量
生ハム ― 5〜6枚

A
練りわさび ― 小さじ1
マヨネーズ ― 大さじ2
白だし ― 大さじ1
塩、こしょう ― 各適量

（ 作り方 ）

1 じゃがいもは一口大に切る。玉ねぎは薄切りにする。

2 耐熱ボウルにじゃがいもを入れ、濡らしたキッチンペーパーをかぶせ、玉ねぎをのせる。ラップをかけて電子レンジで約7分加熱する。

3 玉ねぎを取り出し、熱いうちにじゃがいもをつぶす。粗熱がとれたらA、玉ねぎを加えて混ぜ、さらにゆでてさやから出した枝豆、ちぎった生ハムも混ぜる。好みで粗びき黒こしょうをふる。

つぶしたじゃがいもにわさび、マヨネーズ、白だし、塩、こしょうを混ぜる。

POINT

じゃがいもと玉ねぎはまとめてレンジ加熱する。

POINT

アクの少ない小松菜はチヂ
ミもおすすめです。小松菜
がたっぷり食べられます。

カルシウム豊富でヘルシー

しらすたっぷり小松菜チヂミ

材料：（2～3人分）

小松菜 — 3株
しらす干し — 50g
片栗粉 — 大さじ1
小麦粉 — 大さじ3
とりガラスープの素 — 小さじ1

A
しょうゆ — 大さじ2
砂糖、酢 — 各大さじ1
ごま油 — 大さじ1/2
白いりごま — 小さじ2
ごま油 — 大さじ1

作り方

1 小松菜を1㎝幅に切ってボウルに入れる。しらす干し、片栗粉、小麦粉、とりガラスープの素、水50㎖を加え、よく混ぜ合わせる。

2 フライパンにごま油を熱し、1を入れて円く形を整える。表面をへらで押しながら、両面をこんがり焼く。返すときは皿などを使うとよい。

3 好みで糸唐辛子をのせる。Aを混ぜたたれを添える。

主な材料はたっぷりの小松菜としらす
干し、粉類だけ。

フライパンに入れたら、表面をへらで
ぎゅっと押しながら焼く。

POINT.

餃子の中身が水っぽくならないようにドライトマトを使います。

ドライトマトとバジル入り！

イタリアン餃子

材料 （2〜3人分）

豚ひき肉 ― 100g

玉ねぎ ― 中 1/4 個

ドライトマト ― 20g

バジルの葉 ― 6枚

おろしにんにく ― 小さじ1

塩、こしょう ― 各少々

餃子の皮（大判）― 14枚

小麦粉 ― 適量

油 ― 適量

ひき肉に刻んだ玉ねぎ、ドライトマト、バジルを混ぜる。

作り方

1 玉ねぎ、ドライトマトはみじん切りに、バジルは細かいみじん切りにして、豚ひき肉、にんにく、塩、こしょうとともにボウルに入れ、よく練り混ぜる。

2 餃子の皮の中央に1を等分してのせ、半分に折って周囲を同量の水で溶いた小麦粉で留める。

3 フライパンに1cm深さの油を170℃に熱し、2をきつね色になるまで揚げる。好みでくし形を半分に切ったレモンとバジルの葉を添える。

淡白な里いもがにんにく、しょうがでおつまみに

里いものから揚げ

材料 ：（3〜4人分）

里いも ― 5個（250g）

A
: おろしにんにく ― 小さじ1
: おろししょうが ― 小さじ1
: 白だし ― 大さじ2

片栗粉 ― 適量

油 ― 適量

里いもは下味をつけて
から揚げる。

作り方

1 里いもは皮に一周切り目を入れ、皮つき
のまま耐熱容器に入れ、水をふってラッ
プをかけ、電子レンジで約5分加熱する。
竹串がすっと通るようになればよい。

2 里いもの皮をむき、食べやすい大きさに
切ってポリ袋に入れ、Aを加えて1時間
ほどおく。

3 2の汁けをきって片栗粉をまぶす。フ
ライパンに1cm深さの油を180℃に熱し、
カラッと揚げ焼きにする。好みでレモン
の半月切りを添え、塩、こしょうをふる。

POINT
里いもはレンジ加熱で火
を通しているので、高温
でカラッと少し色づく程
度に揚げればOK。

パサつきがちなとりむね肉
に砂糖と塩をなじませると
ジューシーに仕上がる。

とりむね肉はしっとりと仕上げて

薬味と食べる蒸しどり

材料 （2〜3人分）

とりむね肉（皮なし）
　— 1枚（300g）
酒、砂糖 — 各小さじ1
塩 — 小さじ½
みょうが — 2個
青じそ — 5〜6枚
長ねぎ — 10cm

A
おろしにんにく — 小さじ1
おろししょうが — 小さじ1
豆板醤 — 小さじ1
砂糖 — 小さじ2
しょうゆ、酢、ごま油
　— 各大さじ1

作り方

1　とり肉はフォークで数カ所に穴をあけ、ポリ袋に入れて酒、砂糖、塩も加えてもみ込む。
※ポリ袋は食品用で厚みが0.01mm以上の高密度ポリエチレン製のものを使ってください。

2　鍋にたっぷりの湯を沸かし、沸騰したら弱火にし、ポリ袋のまま1を入れてふたをし、10分ほどゆでる。火を止め、約1時間そのままおく。みょうが、青じそ、ねぎはみじん切りにし、Aと合わせてたれを作る。

3　2のとり肉は汁けをキッチンペーパーでふき、食べやすい大きさに切って器に盛る。2のたれをかける。

バサつきがちなとりむね肉に砂糖と塩をなじませるとジューシーに仕上がる。

ポリ袋に入れたままゆでると肉汁を逃がさない。

トマトとしらすのブルスケッタ

材料 ：（2人分）

バゲット（斜め薄切り）― 4切れ

ミニトマト ― 4個

バジルの葉 ― 2枚

クリームチーズ ― 20g

しらす干し ― 大さじ2

A
白ワインビネガー（または酢）― 小さじ2
砂糖 ― 小さじ1
塩 ― ひとつまみ

オリーブ油 ― 適量

ミニトマトはバジル
と合わせてマリネし
ておく。

作り方

1 ミニトマトとバジルは細かく刻み、混ぜ合わせたAに漬けておく。

2 バゲットはオーブントースターでカリカリに焼く。クリームチーズはかたければ耐熱容器に入れて電子レンジで約10秒加熱し、ゴムべらなどで練ってやわらかくする。

3 バゲットにクリームチーズを塗り、しらす干しを混ぜた1をのせ、オリーブ油を回しかける。

POINT
パンにクリームチーズを
塗り、しらすを加えてう
まみを足します。

れんこんのでんぷんとチーズで、バラバラにならずにまとまります。

れんこんはスライサーで薄く切って

れんこんのチーズガレット

（材料） ┊ （2～3人分）

れんこん ― 150g
ミックスチーズ ― 60g
片栗粉 ― 大さじ1
塩、こしょう ― 各少々
オリーブ油 ― 大さじ1

（作り方）

1 れんこんは皮つきのままスライサーで2
～3mm幅の薄切りにする。

2 ボウルに1とミックスチーズ、片栗粉、
塩、こしょうを入れて混ぜる。

3 オリーブ油を熱したフライパンに平らに
広げ、両面をこんがり焼く。返すときは
皿などを使うとよい。好みでちぎったパ
セリを散らす。

れんこんはスライ
サーを使うと薄く
切れる。

POINT

味がよくなじむよう、マリ
ネ液と合わせてから30分
ほどおいてください。

フルーツを使って華やかに

帆立のデパ地下風マリネ

材料 ┊（2～3人分）

帆立刺身用 — 8個
塩 — 適量
オレンジ — 1個
玉ねぎ — 1/4個

A
パセリのみじん切り — 大さじ1
オリーブ油 — 大さじ2
白ワインビネガー（または酢）
　— 大さじ1
粒マスタード、砂糖
　— 各小さじ1
塩小さじ — 1/2

作り方

1 帆立は塩をふり、5分ほどおく。出てきた汁けをキッチンペーパーでふく。

2 オレンジは皮を薄皮ごとむき、切り目を入れて実を1房ずつ取り出す。玉ねぎはスライサーで薄切りにし、水に5分ほどさらして水けをしっかりきる。

3 ボウルにAを混ぜ合わせ、1、2を入れてあえ、冷蔵室で30分ほどおいて味をなじませる。

帆立は塩をふり、出てきた汁けをふく。

オレンジは外側の皮を薄皮ごとむき、内側の薄皮に沿って包丁を入れ、1房ずつ取り出す。

溶け出したチーズのカリカリもごちそう

明太チーズのスタックポテト

（材料）：（9 個分）

じゃがいも ― 小 2 個
ベーコン ― 4 枚
ミックスチーズ ― 適量

A ｜ パセリのみじん切り
　　　― 大さじ 1
　｜ おろしにんにく ― 小さじ 1/2
　｜ 塩、こしょう ― 各少々
　｜ オリーブ油 ― 大さじ 2

明太子 ― 1/2 腹
マヨネーズ ― 大さじ 2

じゃがいもでベーコン＋明太ソースと、チーズをそれぞれはさむように重ねる。

（作り方）

1 じゃがいもは皮つきのまま 2 ㎜幅の薄切りにし、10 分ほど水にさらして水けをふく。ベーコンは細切りにする。

2 ボウルに A を入れ、よく混ぜ合わせる。薄皮を除いた明太子とマヨネーズも加えて混ぜる。

3 天板または大きめの耐熱容器にオーブンシートを敷き、じゃがいも、ベーコン、2、じゃがいも、チーズ、じゃがいも、ベーコン、2、じゃがいもの順に重ね、金属の楊枝で留める。木の楊枝の場合はアルミホイルを巻く。250℃に予熱したオーブンで約 15 分焼く。好みで粗みじん切りにしたイタリアンパセリと粗びき黒こしょうをふる。

POINT
ベーコン、チーズ、明太子の 3 つのうまみと塩けがポテトによく合います。

ディップには甘みを足すのがわが家流。レモン汁でさっぱり味になります。

おやつにもおつまみにも

さつまいもチップスのディップ添え

（材料）：（2〜3人分）

さつまいも ― 大1本
〈ディップ〉
　クリームチーズ ― 100g
　砂糖 ― 30g
　レモン汁 ― 小さじ1
油 ― 適量

さつまいもは薄めに切るとよいが、かたいので気をつけて切る。

（作り方）

1　さつまいもは皮つきのまま4〜5mm幅の縦薄切りにし、水にさらす。

2　ディップのクリームチーズは室温におくか、電子レンジで短時間加熱してやわらかくし、砂糖、レモン汁と混ぜる。

3　フライパンに1cm深さの油を170℃に熱し、水けをふいたさつまいもをカラッと揚げ焼きにする。2のディップをつけて食べる。

夫が作る週末お助けの一皿 ❷

野菜それぞれのおいしさが感じられるレシピです。

ひと手間かけたおいしさ

こだわりラタトゥイユ

エルブドプロバンス

南仏プロバンス地方でとれるハーブをミックスしたもので、ドライのタイム、セージ、ローズマリーなどが入っている。魚料理や肉料理などに幅広く使える。ハンバーグのたねに混ぜる、市販のミートソースやポテトチップスにふる、などもおすすめ。

玉ねぎ ― ¹/₂ 個　　　　　ホールトマト缶 ― ¹/₂ 缶（200g）

赤パプリカ ― 1 個　　　　塩、こしょう ― 各適量

なす ― 1 個　　　　　　　好みのドライハーブ ― 適量

ズッキーニ ― 1 本　　　　オリーブ油 ― 適量

にんにく ― 2 片

作り方

1　玉ねぎ、パプリカは 1 ㎝四方に切る。なす、ズッキーニは 1 ㎝角に切る。にんにくはみじん切りにする。

2　冷たいフライパンにオリーブ油大さじ 2 とにんにくを入れて弱火にかけ、香りが立つまで炒める。

3　塩ひとつまみを入れ、玉ねぎを加えて透き通って色づくまで炒める。ざるにあけて油をきる。

炒めるときに色づきやすいように
油を多めに使っているので、油をきる

4　フライパンにオリーブ油適量を足し、パプリカ、なす、ズッキーニを別々に強火で、塩少々をふって炒めては取り出す。焼き色がつけばよい。ざるにあけて油をきる。

野菜を別々に炒めると
焼き色をしっかりつけることができて、
つぶれることなく仕上がる。

5　3、4 をフライパンに戻し、トマト缶を入れてこしょう、ハーブをふり、水分がとぶまで強火で炒める。

ハーブはローズマリー、タイム、セージ 3 種の
パウダーを合わせて使うのがおすすめ。
エルブドプロバンスがあれば、1 種類でOK。

ラタトゥイユでアレンジ

卵をくずしながら熱々を食べて

焼きラタトゥイユ

1 ベーコン60gは4〜5㎝幅に切る。フライパンに油をひかずにベーコンを入れ、弱火でカリカリになるまで炒める。

2 耐熱容器にラタトゥイユ適量を入れてベーコンをのせ、まん中をくぼませて卵1個を割り入れる。

3 オーブントースターで卵が好みの火の通り具合になるまで焼く。好みでパプリカパウダー少々をふる。

こんなアレンジも

パスタソースに

少量の水を加えて温め直し、パスタにからめる。

しいたけ焼きに

生しいたけのかさの裏側に詰め、オーブントースターで焼く。

ブルスケッタ風に

薄切りにしてカリッと焼いたバゲットに冷たいままのせる。

チキンソテーのソースに

温めて添える。ポークソテーに添えても。

PART 6

手間なしクイック

大満足の

丼、麺、パスタ

お腹がすいて待ったなし、というときにストレスなしでパパっと作れます。ワンボウル＆レンチンだけで作れるうどんやパスタ、火を使わない丼など、時間も手間も大幅カットのメニューばかりです。

POINT

コチュジャンと焼き肉のたれを使った甘辛ソースがやみつきになる味です。

辛みをつけたソーセージとふわふわ卵がマッチ

やみつき韓国風ソーセージ丼

（材料）：（1人分）

温かいご飯 ― 茶碗1杯分
ソーセージ ― 4本
| 卵 ― 2個
| 牛乳 ― 大さじ1
| 塩 ― ひとつまみ
バター ― 大さじ1
A
| コチュジャン ― 大さじ1
| 焼き肉のたれ（市販品）
| ― 大さじ1
| ケチャップ ― 大さじ½
| 砂糖 ― 小さじ1

（作り方）

1 ボウルに卵を溶きほぐし、牛乳と塩を混ぜる。小さめのフライパンにバターを溶かして入れ、スクランブルエッグを作る。

2 ソーセージに切り目を入れ、かるくふいた2のフライパンで炒め、Aを加えてからめる。

3 温かいご飯を器に盛り、1と2をのせる。好みでパセリを添える。

こんがり炒めたソーセージに調味料をからめる。はねるときは火を弱めて。

食欲がないときでもスルスル食べられます

薬味と食べる豆腐丼

材料 ：（1人分）

- 温かいご飯 — 100g
- 青のり — 小さじ1

絹ごし豆腐 — ½丁（150g）

A
- みょうが — 1個
- 青ねぎ — 適量
- しらす干し — 適量

めんつゆ（2倍濃縮）— 大さじ1

ごま油 — 適量

作り方

1 Aのみょうがはせん切りに、青ねぎは小口切りにする。

2 温かいご飯に青のりを混ぜ、器に盛る。豆腐をスプーンですくってのせ、Aものせる。

3 めんつゆとごま油を回しかけ、混ぜながら食べる。好みで青じそを足す、卵黄をのせる、ごまや七味をふるなどしても。

豆腐はスプーンですくってのせると、味がからみやすくなる。

POINT
火を使わずに作れて、たっぷりの薬味とごま油の風味がきいた丼です。

人気のパスタをレンチンで作る

王道トマトパスタ

（材料）：（1人分）

スパゲティ — 100g
ツナ缶 — 1缶(70g)
好みのきのこ — ½パック
カットトマト缶 — ½缶(200g)
おろしにんにく — 小さじ1

コンソメ — 小さじ1
砂糖 — 大さじ1
塩 — 小さじ½
オリーブ油 — 大さじ1

（作り方）

1　きのこ（ここではしめじを使用）はバラバラにする。深めの耐熱容器または耐熱ボウルに材料すべてと水1カップを入れる。スパゲティは長ければ半分に折る。

2　ラップをかけずに、電子レンジでスパゲティの袋に表示されたゆで時間と同じ時間加熱する。いったん取り出してほぐす。

3　さらに電子レンジで約5分加熱する。器に盛り、塩（分量外）で味を調え、好みで粉チーズと粗びき黒こしょうをふる。

レンジで途中まで加熱したら、パスタ同士がくっつかないようにほぐしてから、再び加熱する。

がっつり食べたいときにぴったりの汁なし麺

豚キムチーズうどん

（材料） ： （1人分）

冷凍うどん ― 1玉

A
- 豚バラ薄切り肉 ― 70g
- 白菜キムチ ― 50g
- めんつゆ（2倍濃縮）― 大さじ1
- ごま油 ― 小さじ2
- コチュジャン ― 小さじ 1/2

ミックスチーズ ― 適量

（作り方）

1 Aの豚肉は食べやすく切る。深めの耐熱容器または耐熱ボウルにAを入れる。冷凍うどんをのせ、ラップをかけて電子レンジで約8分加熱する。

2 チーズを加えて混ぜ合わせ、器に盛る。好みで青ねぎの小口切りをふる。

うどんは冷凍のまま具と一緒にレンチンすればOK。

パパっと作れて野菜もとれる

ブロたまうどん

材料 （1人分）

冷凍うどん ― 1玉

A
| ブロッコリー ― 50g
| ベーコン ― 2枚
| おろしにんにく ― 小さじ1
| 白だし ― 大さじ1と1/2
| オリーブ油 ― 大さじ1
| 赤唐辛子の小口切り ― 少々

卵 ― 1個

青のり ― 小さじ1

作り方

1 Aのブロッコリーはみじん切りにする。ベーコンは細切りにする。

2 深めの耐熱容器または耐熱ボウルにAを入れる。うどんをのせ、ラップをかけて電子レンジで約5分加熱する。

3 2が熱いうちに卵を割り入れて青のりも加え、よく混ぜる。

使う耐熱ボウルは、混ぜやすいよう深めのものに。

POINT

ブロッコリー入りペペロンチーノ風。ブロッコリーはみじん切りにすると麺になじみます。

塩昆布が隠し味

ねぎ豚和風パスタ

材料 ⋮（1人分）

スパゲティ ― 100g

豚バラ薄切り肉 ― 80g

長ねぎ ― 1/3 本

塩昆布 ― 大さじ 1

おろしにんにく ― 小さじ 1

めんつゆ（2 倍濃縮）― 大さじ 1 と 1/2

オリーブ油 ― 大さじ 1

バター ― 10g

作り方

1　豚肉は食べやすく切る。ねぎは斜め薄切りにする。深めの耐熱容器または耐熱ボウルにバター以外の材料すべてと水250㎖を入れる。スパゲティは長ければ半分に折る。

2　ラップをかけずに、電子レンジでスパゲティの袋に表示されたゆで時間と同じ時間加熱する。いったん取り出してほぐす。

スパゲティは耐熱容器に合わせて、長ければ折って入れる。

3　さらに電子レンジで約 5 分加熱する。器に盛り、バターをのせる。好みで粗びき黒こしょうをふる。

POINT

まろやかなカレー味
があとをひきます。

卵＆マヨをからめてまろやか仕上げ

カレたまパスタ

（材料）：（1人分）

スパゲティ ― 100g

A
　ソーセージ ― 2本
　キャベツ ― 1枚
　カレー粉 ― 小さじ2
　コンソメ ― 小さじ1
　オリーブ油 ― 大さじ1

卵 ― 1個
マヨネーズ ― 大さじ1
塩 ― 少々

マヨネーズはレンジ
加熱後に加える。

（作り方）

1 Aのソーセージは斜め薄切りにし、キャベツは一口大に切る。深めの耐熱容器または耐熱ボウルにAと水250㎖、スパゲティを入れる。スパゲティは長ければ半分に折る。

2 ラップをかけずに、電子レンジでスパゲティの袋に表示されたゆで時間と同じ時間加熱する。いったん取り出してほぐす。

3 さらに電子レンジで約5分加熱する。熱いうちに卵を割り入れ、マヨネーズも加えて混ぜ、塩で味を調える。好みで青ねぎの小口切りを散らす。

122

こってり味がくせになるあえ麺

油そうめん

材料 ：（1人分）

そうめん ― 100g

A
| おろしにんにく ― 小さじ1
| 焼き肉のたれ（市販品）
| ― 大さじ2
| めんつゆ（2倍濃縮）
| ― 大さじ1と1/3
| オイスターソース、酢
| ― 各小さじ1

しらす干し、青ねぎの小口切り
　― 各適量

卵黄 ― 1個分

ごま油 ― 大さじ1

作り方

1 そうめんは袋の表示通りのゆで時間でゆでる。ざるに上げ、水で洗って水けをよくきる。

2 ボウルにAを入れてよく混ぜ、1を加えてさらによく混ぜ合わせる。

3 器に盛り、しらす干し、青ねぎを散らす。卵黄をのせてごま油を回しかける。好みで七味唐辛子をふる。

POINT
濃いめの味つけにしているので、調味料は好みで加減してください。

ラクしておいしくのコツ

❯ うまみ食材

手間はかけずにより料理をおいしくできるので、よく使っている食材です。
加えるだけでうまみや風味がアップして、味が決まるので便利。
塩分のある食材が多いので、ほかの調味料を加減して使ってください。

明太子

副菜に、おつまみに、パスタに、と大活躍。

しらす干し

うまみがほしいときに散らすだけ。

青のり

食欲をそそる香り。粉ものに限らず幅広く使える。

塩昆布

だしがたっぷり出る。保存もしやすい。

削りがつお

こちらもだしになる素材。トッピングに。

こんなものも

冷凍きのこ

冷凍するとうまみが増すそう。長く保存できて、栄養素も失われない。石づきは落とし、使いやすく小房に分けるなどしてから冷凍する。

❯ おすすめソース

調味料のバランスを試してたどりついた、おいしさ間違いなしのソースです。
ほかの食材の分量に応じて、割合はそのままで量は加減してください。
いろいろなメニューに応用できるので、レパートリーが広がります。

オイマヨソース
「えびとブロッコリーのオイマヨ炒め」
（P14）で使用

（材料）
おろしにんにく小さじ 1/2　オイスター
ソース、マヨネーズ各大さじ 1　砂糖
小さじ 1

こんな料理に
豚バラ肉とキャベツ炒め、
鮭とじゃがいも炒め、
とり肉とアスパラガス炒め、など

チリソース
「とりむね肉となすのチリソース炒め」
（P21）で使用

（材料）
長ねぎのみじん切り 1/2 本分　おろしに
んにく小さじ 1/2　ケチャップ大さじ 3
とりガラスープの素小さじ 2　酒、砂糖
各大さじ 1　豆板醤 小さじ 1

こんな料理に
厚揚げともやしのチリソース、
いかとパプリカのチリソース、など

南蛮酢
「ししゃもの南蛮漬け」（P30）で使用

（材料）
酢、水各大さじ 6　しょうゆ、みりん各
大さじ 2　砂糖大さじ 2 と 1/2　だしの
素 小さじ 1　赤唐辛子の小口切り適量

こんな料理に
豚バラ肉の南蛮漬け、
さばの南蛮漬け、
とりむね肉の南蛮漬け、など
※好みで玉ねぎなどの野菜を加える

うまいに決まってるソース
「うまいに決まってる焼き」（P78）で使用

（材料）
おろし玉ねぎ 1/4 個分　にんにくのみじ
ん切り 1 片分　酒大さじ 2　しょうゆ、
はちみつ各大さじ 1　みりん小さじ 1
バター10g

こんな料理に
ハンバーグ、
ステーキ、などの肉料理全般

おわりに

私はレシピ本を出したい、と強く思っていたわけではありませんでした。

でも、本を出しませんか、と声をかけられたとき、もし私のレシピ本が読みたいという方がいるのなら、挑戦してみようと思ったのです。自分の夢の実現のためというより、日ごろからインスタグラムで応援していただいているフォロワーさんたちに恩返しできれば、という気持ちでした。

本に掲載しているメニューの2/3以上はインスタグラムにはない新しいものなので、連日試作をしてレシピを考えました。どれも簡単で作りやすいものばかりです。今日のごはんは何を作ろうかな、というときにお役に立てる内容にできたかな、と思います。

料理好きな私ですが、それでも毎日料理をするのはしんどいなあ、と思うことがあります。家族のために料理を手作りすることが愛情、のように言われますが、そのためにがんばりすぎて疲れてしまったら、家族と明るく接することができなくなりそうです。料理で手を抜いても私が機嫌よくしていたほうが家族もうれしいのではないか、と考えるようになりました。

とはいえ、「手抜き料理」にちょっと罪悪感がある
のは事実。家族に悪いなあと思うことも心の負担
になります。野菜が足りない料理が続くのも「よ
くないなあ」という気持ちにつながります。この
本でも紹介していますが、野菜たっぷりの一品料
理など、しんどいときでも作れて、家族にも自信
を持って出せるレシピをストックしておくのをお
すすめします。

自分がご機嫌でいられることを一番に考えた「自
分ファースト」の姿勢でいたら、料理がもっとも
っと楽しくなりますよ。

おめぐ

STAFF

デザイン：
細山田デザイン事務所
（細山田光宣、奥山志乃）
撮影（料理）：松園多聞
撮影（人物）：
Field of the sun creative（三輪紋子）
スタイリング：井口美穂
フードコーディネート：三好弥生
調理アシスタント：好美絵美
校正：麦秋アートセンター
編集：原田裕子（KADOKAWA）

おめぐ

インスタグラム等を開設して1年もたたないうちに、SNS総フォロワー17万人超えを記録。野菜がたっぷり食べられるおかず、主菜にもおつまみにも野菜を取り入れたメニューが人気。料理で無理はしない、をモットーに、日々おいしいレシピを開発中。
元料理人でときどきインスタグラムにも登場する夫、2人の子どもの4人家族。

Instagram
@danna.yasero

大人女子のからだを癒すメンテナンスレシピ80
私にやさしい野菜ごはん

2023年12月21日　初版発行

著者　　　おめぐ
発行者　　山下直久
発行　　　株式会社KADOKAWA
　　　　　〒102-8177
　　　　　東京都千代田区富士見2-13-3
　　　　　電話　0570-002-301（ナビダイヤル）

印刷所　　大日本印刷株式会社
製本所　　大日本印刷株式会社

●お問い合わせ
https://www.kadokawa.co.jp/
（「お問い合わせ」へお進みください）
※内容によっては、お答えできない場合があります。
※サポートは日本国内のみとさせていただきます。
※Japanese text only

定価はカバーに表示してあります。